JN410913

그리움이
목적지

그리움이 목적지

초판 1쇄 인쇄일 2013년 10월 18일
초판 1쇄 발행일 2013년 10월 25일

지은이 김시은
펴낸이 양옥매
디자인 오현숙
교정 장하나

펴낸곳 도서출판 책과나무
출판등록 제2012-000376
주소 서울특별시 마포구 월드컵북로 44길 37 천지빌딩 3층
대표전화 02.372.1537 **팩스** 02.372.1538
이메일 booknamu2007@naver.com
홈페이지 www.booknamu.com
ISBN 978-89-98528-68-3(03800)

이 도서의 국립중앙도서관 출판시도서목록(CIP)은 서지정보유통지원 시스템 홈페이지(http://seoji.nl.go.kr)와 국가자료공동목록시스템(http://www.nl.go.kr/kolisnet)에서 이용하실 수 있습니다.
(CIP제어번호 : CIP2013021225)

그리움이 목적지

김시은 지음

머리말

그리움의 대상은 세상에 존재하는 모든 것들이라네요. 마음이 지치는 날이라면 싱그런 자연의 향기가 그리워 질 수도 있을 테구요.

계절이 깊어감에 시린 가슴을 품고 있다면, 사랑하고픈 사람의 온기가 그리워 지기도 할테지요.

가끔은요. 때로는요. 한번쯤은요.

혼자라는 생각이 간절할 땐 함께 하고싶은 가족이, 또는 친구가 그리워질지도 몰라요.

시간을 마주하며 살아가는 사람들…….

그리움이란 조금은 쓸쓸한 느낌을 가슴에 품고 사나봐요. 그리움이란 조금은 가녀린 감성을 가슴에 묻고 사나봐요.

그리움이 존재하는 그대들의 가슴을 향해…….

그대들의 그리움의 목적지를 향해…….

지금부터 그대들과 함께 합니다.

목 차

그리움이란 조금은 쓸쓸한 느낌을
가슴에 품고 사나봐요
그리움이란 조금은 가녀린 감성을
가슴에 묻고 사나봐요

그리움이 목적지?

"안내를 시작 합니다"

너에게로 향하는 마음에
목적지를 설정했었다

변명도 없는 소리가
분명하게 네가 머물러 있는
곳으로 가라한다

왼쪽 오른쪽
이리저리 가라 하는 데로
움직여 가고 있었다

마음은
정확하게 네가 서 있는
방향으로만 가고 있었다

흔들림 없는 모습으로
네가 한자리에 서 있었다면
정말 좋았을 텐데

정작 소리 없이
가고 있는 곳은 흔들리고 있던
네가 떠나간 빈자리

자꾸만 어긋나는
너와 나의 갈림길에서
마음의 목적지는
분명 너를 향하고 있었다

그래도 자꾸만
어긋나기만 한다면
너와 난
안타까운 그리움으로
남아야 할 뿐이다

"목적지 주변에 도착 하였습니다"

아무리 찾아도
찾아도 널 찾을 수 없다
그 어디에도 없다

텅 빈 그리움이 목적지

어차피 훔쳐 갈 마음이었다면

어차피 훔쳐 갈 마음이었다면
사랑하는 마음만 훔쳐가지 그랬니?
가져가도 넘치고넘쳐 내게 남아 있었을 텐데 말야

어차피 훔쳐 갈 마음이었다면
행복하고 즐거운 마음만 훔쳐가지 그랬니?
가져가도 기쁘고 기쁜 미소만 가득했었을 텐데 말야

어차피 훔쳐 갈 마음이었다면
그리움도 모두 다 가져가 버리지 그랬니?
그랬더라면 아프고 아파도 울지 않았을 텐데 말야

어차피 훔쳐 갈 마음이었다면
미움도 원망도 모두 다 가져가버리지 그랬니?
그랬더라면 가슴 치며 서러워도 미워하지는
않았을 텐데 말야

어차피 훔쳐 갈 마음이었다면 말야

제목 없는 글

거세고 지리한 비를
맞고 견디어 낸 후 바라본
무지개는 너무나 아름답게 떠오르고

눈보라 치는
혹독한 겨우살이가
지나간 후의 봄바람은
포근한 바람으로 불어온다더라

고통으로 흘린 눈물은
빛나는 보석 방울이 될 거라고

고통 속에서 꾸었던 꿈이
봄꽃처럼 피어나는 날에는
더욱 아름다운 향기로 남을 거라고

열매는 어찌 달지 않을 수 있겠나

뭐야! 벌써 여름?

살랑

나뭇잎의
작은 움직임을 만들어놓던
여린 바람 속에서 향기가 묻어온다

때 이른 여름을 알리는
아카시아 향기로 코끝에 묻어난다

이미

흩날리던 눈꽃일랑은
곁에서 숨어버린 지 오래 오래다

피어난 꽃들로
어우러진 붓 자락이
포근함을 서둘러 그려놓았었다

봄의 화사한 그림들은
눈에 담았었던 여러 장의 사진처럼
기억 속으로 멀찌감치 아쉬움으로 사라져간다

여린 잎새의
색감들이 짙푸르러지고 있다

살랑

살며시
불어오는 여름의 향기가
여린 숲을 짙푸른 초록으로 만들어간다

뭐야! 벌써 여름?

이른 여름일세

길을 걷는 사람은
그 끝에 목표를 바라보고 있다 했고

푸름을 바라보는 자는
연 푸름의 희망을 바라본다 한다

들꽃을 친구라 말하는
그대는 순수함의 극치로다

들꽃이
자유로움의 상징일지는 모르겠으나

언제나
기다리기만 하는 뿌리 깊은 풀이로다

하늘과 들
푸른 길을 한참을 걷노라니

어느새 그대는
들꽃의 친구로 다가가고 있었다

이른 여름일세

2013. 05. 09. 제목 없는 글

한 없이 낮은 곳을 바라 보려했더니
가슴만 시리고 아프더라

더 없이 높은 곳을 바라 보려했더니
가슴만 버겁고 무너지더라

두루두루 살펴 바라보았더니
내가 주어야 할 나눔의 손길이 있었고
내가 배워야 할 지혜가 그 속에 있더라

얼기설기 살아가는 게지
슬퍼 울기도 하며 기뻐 웃기도 하며
한세상 얼기설기 이유 달지 말고 살아 보라한다

내 가슴이 나에게 말 하기를

밀당 two

니가 한번쯤 문자 안한다고
내 가슴 그 문자 기다리며
아파할 줄 아는 거니?
어디 한번 해봐
언제까지 문자 안하는지 두고 볼게

니가 하루쯤 전화 안한다고
내 가슴 그 전화 기다리며
미쳐버릴 줄 아는 거니?
어디 한번 해봐
언제까지 전화 안하는지 두고 볼게

시간이 점점 흘러가고
하루에 서 너번 오던 너의 문자
들어왔나 오지 않았나
전화기만 바라보는 내가 돼버렸어!
먼저해볼까 망설이지만
끝까지 기다려…… 어디 한번 해봐

절대 먼저 문자하는 일 없을 테니까

하루가 어둠에 저물어가고
하루에도 몇 번씩 들려오던 니 목소리
벨 소리만 울려대도
성급하게 너일까 기대하는 내가 돼버렸어!
먼저해볼까 망설이지만
끝까지 기다려…… 어디 한번 해봐
절대 먼저 전화하는 일 없을 테니까

그런데 왜 그런 거지
결국엔 내가 먼저 참지 못해
결국엔 내가 먼저 기다리다 지쳐
습관처럼 길들여진
너의 음성이…… 너의 문자가
나를 미치게 만드는 건…… 왜 그런 거지?

조금만 더 참아볼까?

조금만 더 기다려 볼까?

지치는 밀당 즐기기…… 이젠 우리 그만하자

지친다 지쳐

이젠 정말 지친다 지쳐

안부

그치지 않을 것 같던
비바람이 멈추었다!
눈뜨고 바라본 아침의 하늘이
싱그럽기만 한 출발이구나?
습한 불쾌감이 말끔하게
달아나는 아침!
별말은 아니었지만
오늘하루 힘내라는 간단한 말
맑게 개인 하늘만큼만
행복 하라는 간단한 인사말로
행복한 하루가 될듯하다
눈뜨기 싫은 아침이었겠지만
힘나는 하루되길 바라고
아프지 말고
아침 하늘만큼 만
행복한 하루되길 바란다

도심 속에서…… 상큼하다

연 푸릇 돋은 여린 잎새들
이제 서야 가득하게 두 눈에 담아내고

힘없는 고개 들어 바라 본 세상은
이미 짙푸르러지고 있었다

숨 막히는 회색 매연 속에서
다시금 솟아나는 넘치는 생명력으로

공허하기 이를 데 없고 무기력 해져버려
졸음 만 쏟아 내던 아슬 한 봄날

가득 펼쳐진 푸르름의 희망 잎새들이
나를 살게 만든다

도심 속에서…… 상큼하다

햇살 가득한 오후

마치 햇살을 부비는 듯 조심스레
바람의 손짓에 이끌려 여린 잎이 흔들리고 있다
이른 오월의 푸르름이 혹여 낼름 달아 날 새라
실컷 몸짓하는 모양으로 살랑살랑
눈을 크게 뜨고 바라본 오월의 속삭임 속엔
널려 있는 흔한 아름다움만이 가득한데
순조롭게 보이는 건 회색빛 아스팔트길과
늘어선 아파트 숲 길속에 갇혀진 희뿌연 숨결들
텁텁한 한숨만 쉬어내는 회색도시 한 가운데 서서
가려왔던 감은 세월의 눈을 바로 뜬다
소박한 기쁨을 바라 볼 수 있는 눈을 바로 뜬다

바람결에 전해오는 향기마저 아름다운
햇살 가득한 오후에

마음에 그리는 그림

사람의 마음에는
맑은 물이 흐를 수 있답니다
맑은 소리까지도 아름답게 들려오죠
아름다운 꽃을 시간의 공을 들이지 않아도
곱게 피워내기도 한답니다

마음이란
얼마든지 손을 움직이지 않아도
아름다움을 그려낼 수 있는
그림도구이니까요

맑은 물의 빛나는 모습을 담은 마음은
맑게 빛나는 눈망울을 만들어 낸답니다
맑은 물이 흐르는 소리가 담긴 마음은
아름다운 노래를 만들어내기도 한답니다

맑아진 그대의 눈을 바라보는 사람들은
가슴에 작은 기쁨을 담아 낼 거랍니다

맑게 빛나는 눈을 바라 본 다는 건
한 없이 기분이 좋아지는 일이니까요

맑은 노래를 하는 음성을 듣는 사람들은
가슴에 작은 행복을 담아 낼 거랍니다
맑은 음색으로 노래하는 이야기를 듣는다는 건
한 없이 기분이 즐거워지는 일이니까요

맑음이란
전해져 듣고 바라보는 사람의 마음도
한 없이 맑아지게 만들어버리는 아름다운
마력이 있답니다

마음에 아름다운 한 폭의 그림을 그려봅니다
맑게 흐르는 시냇물과 물이 흐르는 고운소리
아름답게 빛나는 햇살아래 가득한 기쁨과
즐거움을 그려봅니다

자장가

가장 편안한 맘으로
지금부턴 머릿속을 비워 보기로 해요
힘든 일도 지쳐있던 시간도
따끈한 샤워로 하루를 지워내 버려요
따끈한 온도로 늘어난 혈관이
온 몸의 선선했던 피로를 풀어줄 거예요
즐거움의 생각마저도 머릿속에서
모두 비워버려요. 모두 다요
좀 전에 먹었던 따신 저녁이
든든한 포만감을 안겨주었죠?
배부름 외엔 아무 생각도 나지 않을 거예요
그리고는요
온 몸이 축 늘어지는 상태로 만들고
커다란 베개를 양팔에 한 아름 껴안고
편안한 맘으로 잠을 청하면
스르륵 스르륵 두 눈이 감길 거랍니다
눈을 감아요. 살포시 감아요
마음에 색깔이 선명한 꽃 한 송이를

그려보기로 하죠
수줍은 듯 피어난 고운 꽃잎위로
팔락이는 날개 짓을 하는 나비 한 마리가
앉았네요?
고운 그림이 한 폭 그려져 있을 거예요
초록의 배경에 고운 꽃과 나비
입가엔 흐뭇한 미소가 지어지죠?
이제부턴 편안한 잠이 들 거예요
편안한 밤 행복한 밤으로 이끄는
시간이 될 거랍니다

고운 꿈만 꾸어야 하는
아름다운 꿈만 꾸어야 하는
포근함이 함께 하는 시간

잘자요

빗소리가 예쁜 날입니다

내리는 빗소리는
늘 우울한 감성만을 자극하지는 않아요?
간혹은 빗소리가
뭔가 닮아있는 듯한 소리를 내거든요
그대의 하루를 열어가는
발자욱의 경쾌한 리듬 소리를 닮았나요?
그대가 숨 쉬는 공기를 타고
자그맣게 뛰어대는 심장의 박동소리를 닮았나요?
이것마저도 저것마저도 아니라면
그저 당신 얼굴 바라보며 발그레해지는
내속에 숨은 작은 설렘의 소리로
음률을 맞추는 소리일지도 몰라요
내리는 빗소리가
늘 우울하고 슬픈 노래만을 부르진 않아요

빗소리가 예쁜 날입니다!
참 예쁜 날입니다

그리움을 밤하늘에 띄운다

그리움이 마음가득 널 부러져
아무것도 할 수 없는 게으름을 만든다
그리움이 선선한 가을바람을 탄다
쓸쓸함이 피부 결을 따라 흡수되고
빈 가슴으로 스며든다
눈앞에서 바라 볼 수 있는 그대였다 해도
가슴은 그대를 절절함으로 그리워했을 텐데
내 못나고 어리석기만 해 착해빠진 심장은
어둠이란 빛이 사라지는 시각쯤엔
눈에도 보이지 않는 환상 같은 그대를
더욱 짙게 그리워해버린다

그리움이 밤하늘 빛의 존재였더라면
어둠이 가득한 하늘에 띄워
눈 안에 가득 담아보는 기쁨일 텐데

그리움을 밤하늘에 띄운다

맘 아프지 않을 때까지

우리 헤어져야 한다 해도
조금만 더 있다가 헤어져요
갈수록 아픈 맘이 더해져서
힘들어 못살겠습니다

우리 꼭 헤어져야 한다 해도
조금만 더 있다가 헤어져요
숨을 쉴 수가 없어서
힘들어 못 살겠습니다

우리 정말 꼭 헤어져야 한다 해도
조금만 더 있다가 헤어져요
꼭 죽을 것만 같아서
힘들어 못살겠습니다

맘 아프지 않을 때까지
죽고 싶을 만큼 힘들지 않을 때까지
그… 때… 까… 지… 만… 이라도
조금만 더 있다가 헤어져요

맘 아프지 않을 때까지
그… 때… 까… 지… 만… 이라도

네 아픈 모습이 보이지 않았어야 했는데

가끔 싱숭생숭
알 수 없는 마음이다
까닭도 알 수 없고
정답도 모른다만

말없는 네 입술
그 입술이 어쩌다 가끔은
슬픔의 묵언으로 외친다
아프다고 너무 아프다고

알 수 없다만
아픔을 바보처럼
간직한 너여서 인가보다

이런 이런

왜 네가 아프지
않았으면 좋겠는지
왜 네가 슬프지
않았으면 좋겠는지

이유를 알 수는 없다만
쓰이는 맘이 이상타

나보다 아팠던 널
마음에 담아버린다

사실 나도 아팠거든
아파서 네가 보이거든

이런 이런

이런 날 어쩌니?
자꾸만 맘이 아린다
자꾸만 맘이 향한다

나 아무래도
니가 너무 안스러운가 보다

네 아픈 모습이
보이지 않았어야 했는데

나라면 더 웃을 거야

죽도 못 먹은 듯 네 목소리
목소리가 왜 그 모양인 게야
밝은 목소리는 네 자신감을
드러내는 힘이 될 거라 말한다

눈에 뭔가 들어간 듯 비벼대지만
눈가에 고인 그 눈물은 뭔 게야
울려면 주루룩 실컷 흘려버려야지
슬퍼 흘리기만 하는 눈물이 아니다
기뻐도 울고 서러워도 울고
울려거든 속 시원히 울어버려

잠도 이루지 못한 듯 초췌한 네 모습
하루를 지나쳐온 시간의 선물인데
잠은 편히 자야 새로운 시간이 너에게
열릴 텐데…… 걱정이 된다

지금 정말 힘들고 지친 네 모습
지금 몹시 미칠 듯 아픈 네 모습
지금 죽도록 서러운 듯 네 모습
들어줄밖에 없어 정말 미안하다

그런데 나라면
나라면 더 웃을 거야

2013. 08. 30. 가을 하늘에 홀리다

문득 바라다 본 하늘에 홀려
가던 길이 바쁜 줄도 몰랐다

옅은 바람과 함께하는 시간 따라
황홀한 구름옷을 갈아입던 푸르름의 바다

두 눈을 홀리고 마음을 홀리고
발걸음을 홀리고 온 종일 홀려 버린다

호리는 재주가 탁월한 매력의 하늘
그 하늘이 그대를 닮았다

끝 간데 없이 마음을 잡아당기는 하늘이
눈으로 들어주는 그대를 꼭 닮았다

그 하늘이 나를 홀려버린다

나에게 하는 아침인사

아침 태양이 밝아오는 시간

이 시간쯤이면
누구나 분주한 하루를 준비하겠지
다시 찾아온
느낌이 다른 새로운 아침이니까
시작이란 매일하는 일인지도 모른다
어떤 일들이 생겨나고
또 무언가 해결해 나가야 될지도 모르는
의문으로 주어지는 시간이지만
멋진 일들이 일어 날 거란
기대감으로 하루의 문을 나선다
기분 좋은 상상으로
기분 좋은 일들을 만들어 보자
분명 좋은 일이 일어 날거야
늘 멋지게 시간을 만나는 너니까
좋은 느낌으로 시작하는 아침은

네게 흐뭇한 미소를 선물 할 테고
네가 지어낸 흐뭇한 미소는
널 바라보는 이들에게
잠깐의 미소쯤이라도 선물할거란다
밝게 지어보이는 미소는
분명 웃을 일을 불러 올 거라는 것쯤은
말하지 않아도 알거라 생각해
여름과 가을이 공존하는
조금은 짜증스러울 수도 있는 날씨다
이쯤에서 반가운 가을비라도
내려주신다면 좋으련만
오후쯤이면
머리꼭지를 돌게 만드는 따가움의
태양이 얄미워지겠지
그럴 때는
아침이 주는 새로움을 생각하며
아침이 주는 싱그러움을 느껴보며

아침이 만들었던 작은 미소를 떠올려보며
웃는 하루를 만들어 보자

힘내자! 아

가을이 시작되는 거리에서

이유 없이 바라보기만 하는
하늘은 아니다

비를 품었던 나지막한 구름을
간직하던 계절이 지나가려는 듯
보이지 않을 만큼
한치 한치만큼 높아져간다

시간을 잠시 멈추어
바라보는 순간의 하늘은
또 다른 이야기를
만들어 갈 계절을 준비한다

어제보다 좀 더 많이 높아졌다

색감마저 짙은 푸름이 깊은 하늘
가을이 시작되는 거리에서

두 눈을 열어 품어보는 하늘의 깊이
하늘의 마음을 듬뿍 담아본다

한 없이 빠져드는 시선
재어볼 수 없는 생의 깊이를
계절이 바뀌는 하늘에 담아
어림잡는다

눈으로 담아 마음에 저장하는 행복

상대의 밉살스런 모습만 바라보는 눈
보지 않은 진실을 혼자만의 생각으로
단정하고 곱지 않은 시선으로 바라보는 눈
믿어야 할 사람의 진심을 왜곡하며
미리 앞선 생각만으로 바라보는 의심의 눈
상대를 다 알고 있다는 자만의 선입견으로
억압하고 매도해버리는 눈
착각 속에 빠진 눈이 바라본 어설픈 세상
마음에 가두려 찍어둔 눈의 영상들이
구겨지고 일그러진 한 장의 그림으로
마음속을 가득 메우도록 하고 싶지는 않다
뭐든 아름답게 바라볼 수 있는 두 눈으로
세상 어둠만을 바라보고 있지는 않은지

살아감 속의 길을 걷다가 바라본다

아이와 사랑스런 눈 맞춤과
입맞춤을 하는 포근한 사랑의 모습
무등 태운 아이의 입가에 자연스럽게
웃음을 선물하는 기쁨의 모습
마음이 행복한 천사들과 마음의 대화를
나누는 나눔의 모습도 바라보게 되고
내 가족의 밑반찬을 만드는
정성의 모습도 아름답게 바라보인다
검게 그을린 삶의 현장에서 흘리는
고귀한 땀방울들이 보이기도 하고
삶의 구석구석에 존재하는
세상의 빛처럼 밝은
많은 살아감의 값진 모습들이 보인다

눈뜨자마자 바라볼밖에 없는 세상이라면

눈이 바라보는 대로 만들어가는 마음에
세상이 한 장의 그림으로 그려질 테면
마음을 비우는 것보다 쉬운 채움의 길
소소하지만 아름다운 것들을 바라보고
아름답게 채워가는 행복이 가득한
살아감이기를 바랐던 하루가 저문다

눈으로 담아 마음에 저장하는 행복은
얽히고 복잡한 마음을 비워내고 다시금
행복으로 채워가기 위한 가장 손쉬운
방법일지도 모른다

그대 꿈만 꾸리라는 약속은 하지 않는다 해도

달빛
가득하게 차오르는 가을의 밤
조금씩… 조금씩… 조금씩…
깊어가는 가을향기 품은 달빛의 밤

달빛을 담아 한잔두잔
취하지도 않는 은은함의 빛은
잠을 잊어버린 그리움의 밤을 만든다

그대 꿈만 꾸리라는 약속은
하지 않으려고 한다

흐릿한 꿈속의 그대모습 대신
한 가득 머릿속을 채워 넣은 그대모습으로
이미 선명하기 때문이다

일부러 꿈꾸려 하지 않아도
한 가슴 빼곡하게 아려오는 그리운 통증으로
이미 그댄 선명하기 때문이다

그대 꿈만 꾸리라는 약속은
하지 않는다 해도

달빛 주

세상으로 부서지는 달빛
안주삼아 삼키는 달빛 주

은은한 달빛 주를 담구어

한잔 술에
허기진 외로움을 달래고
한 잔 술에
보고픈 그리움을 달래고
한잔 술에
타는 가슴앓이를 달래며

달달한 달빛 주를 마신다

가슴으로 모아지는 달빛
사랑앓이 달래는 달빛 주

바람의 모습

바람이
보이지 않는다고 생각했지만
나는 오늘 바람을 마주하고
바람을 바라보고 있다

긴 머리카락을 부드럽게 살랑이며
바람의 모습을 드러내고야 만다

흔들리는 밤바람의 나뭇잎 새가
보이지 않는 바람의 모습을 만들고
잎 새들의 마른 부딪힘이

사라락
바람의 소리를 들려준다

달빛의 고운 부서짐과 함께
얼굴 곁을 스치는 바람의 감촉

바람이
보이지 않는다고 생각했지만
나는 오늘 바람을 마주하고
바람을 바라보고 있다

이 애미도 충성!

긴 머리 노랑머리 염색하며
멋 부리기 대장이던 내 아들
까까머리 긁적이며
입영열차를 탄다네

헐랭이 빛바랜 청바지
멋 내기 구멍 난 티셔츠
날라리 빨난다던 옷차림
대한민국 국방무늬 군복
촌발 날린다. 투덜대며
입영 열차를 탄다네

일년만 더 있다 가겠다더니
걱정스런 군기 무섭다더니
대학 나와도 할 일 없다며
푸념 섞인 한숨 한 번 쉬더니
입영 열차를 탄다네

훈련소 입소 후 정확히 칠 일째
날라리 빨난다던 옷들이
한 박스 가득 담겨온 날
가슴 멍해지는 애미마음
어찌 할고 어찌 할고
컴퓨터자판 두들기던 아들놈
볼펜으로 꾹꾹 눌러 쓴 편지엔

어머니 건강히 잘 있어요
생각보다 군 생활 멋집니다
씩씩한 남자 되어 돌아가겠습니다
사랑합니다 어머니 충성!

입영열차 탄 내 아들아
건강히 무사히 돌아와 다오
보골 거리는 찌게 맛나게
끓여 놓고 그 날을 기다리마

이 애미도 사랑한다 충성!

참 이상하다 이상해

참 이상하다 이상해
이유를 모르겠지만
참 이상하다 이상해

널 생각하면
아름다운 그림을 그리게 되고
아름다운 글을 쓰게 되고
아름다운 노래를 하게 되더라

널 생각하며
사랑스런 네 두 눈을 그리고
사랑스런 네 모습을 써내려가고
사랑스런 널 위한 노래를 해

참 이상하다 이상해
내 모든 삶속에
너의 모습이 가득한 게
참 이상하다 이상해

너만을 그리는 나는
너만의 이야기를 가득하게
써내려가는 나는
너만을 위한 노래를 하는 나는

바보인가?
정말로 바보인가 보다
이런 내가
참 이상하다 이상해 뭐지?

시간을 흘려 보내는 사람 시간을 만드는 사람

지금이라는 시간은
누구에게나 똑같은 양이 주어진다
지금이란 이 시간엔 누구를 막론하고
무언가를 하고 있을 것이다
드라마를 보는 사람
산책코스를 돌며 운동하는 사람
무언가를 열심히 먹고 있는 사람
독서 삼매경에 빠져있는 사람
사랑하는 이들과 함께
행복한 웃음을 짓는 사람도
심지어 다투고 있는 사람도
저마다 각기 다른 모습으로
자신에게 주어진 시간과의 대면을
하고 있을 것이다
시간을 흘려보낸다는 건
부정의 생각으로 가득 메운
불편한 마음의 생각들이 만들어낸
무겁고 힘겨운

자신의 모습일거란 생각이다
시간을 만들어 간다는 건
주어진 시간만큼 자신에게
최선을 다한 자신에 대한 뿌듯함과
자신감에 가득 찬 모습일 것이다

주어진 시간 최선을 다했던 그대는
그렇기에 늘
아름답고 멋진 모습임을 잊지 말자

시간을 만들어 내는 그대는
언제나 어느 곳에서나 늘 아름답다

여자의 아침

익숙하게
익혀온 몸의 반응이
눈뜨기 싫은 아침의 눈을
자연스레 열리게 한다
사랑의 소리로 여는 아침
달그락 거리는
아침의 소리를 만들고
뜸 들어 가는
구수한 쌀알의 냄새를
향기로 맡고
보골보골 공기방울을
폭폭 터뜨리는
알맞게 맛을 우려내는

한 냄비로 하루를 익혀갈
준비를 하는 그녀의 아침
바쁜 사랑을
나누는 그 여자의 아침

행복이 가득한 아침

남자의 아침

10분 간격으로 맞추어 놓은
알람시계가
시끄럽게 울려대지만
꿈쩍도 하지 않는 남자의
피곤한 몸은
좀처럼 움직이질 않는다
예닐곱번 울려대는 시끄러움이
귓가에 울려댄 후에야
무거운 눈꺼플을
간신히 뜨고야 만다
게슴츠레 뜬 실날같은 눈으로
바라본 벽시계는 이미 늦은
아침시간을 가르키고 있었다
가벼운 두게의 시계 초침은
쉼없이 흘러만 간다

서둘러야 할 시간임에도
'오분만더…… 딱! 오분만 더…… '를
외치고는 무거운 눈거플을 다시
감아버리는 남자!
간밤 술자리
좀 무리를 한 듯싶다
흘러가는 초침이 십 여분이 더
흐른 후에야 깜짝 놀라
초스피드로 일어나는
남자의 아침
서둘러
욕실로 향하고
조금은 길고 웨이브진
머리카락과 부스스한 얼굴
뒤척이던 잠자리를 재빠르게 정리한다

버릇처럼 걸러내는
아침식사 대신
따끈한 커피 한잔과
자동차 시동을 걸며 피워내는
바쁘고 정신없을 하루를 예감하는 담배 한 개피이다
그 남자의 바쁜 아침을
조용하고 차분함으로 내리고 있는 빗물이 마중한다

그냥 그랬으면 좋겠습니다

그냥 그랬으면 좋겠습니다
좋으면 좋은대로 감사하게 사랑하고
행복하면 행복한대로 기뻐하고
힘들땐 힘들었다
표현하고 위로하는 사랑을 한다면
참 좋겠습니다

그냥 그랬으면 좋겠습니다
바라는게 있을땐 해달라 보채도 보고
선물하고플땐 이유를 달지 않고 선물하고
보고싶을땐 서둘러 달려가 보고픔의
포옹을 서슴치 않을 수 있는 사랑이라면
참 좋겠습니다

그냥 그랬으면 좋겠습니다
좋은데 싫은 척, 아닌 척 하지 않으며
사랑하는데 서로 마음 아프지 않게 하고
사랑하는데 밀고 당기고 마음조리지 않게 하고
그냥 그렇게 좋으면 좋은대로 사랑한다면
참 좋겠습니다

그냥 그랬으면 좋겠습니다
그대로 하여금 아프지 않았으면 좋겠습니다
나로 하여금 아프지도 않았으면 좋겠습니다
서로의 마음에 아픔이 되지 않도록 사랑한다면
참 좋겠습니다

그냥 그랬으면 좋겠습니다
설령 이별이 다가와 아픔을 더할지라도
아름다움만 가득하게 기억 될 사랑이라면
죽어도 잊혀지지 않을 고운 사랑이라면
참 좋겠습니다

그냥 그랬으면 좋겠습니다
평생을 소중함으로 이어갈 그런 사랑이라면
이별앞에 아파야 할 이유도 없을거라 믿어지는
그냥 이유도 없이 사랑하는 마음을 소중히
간직할 수 있는 사랑이라면
그런 아름다운 사랑만 할 수 있다면
참 좋겠습니다

가을이 오려나봅니다

새벽녘 조금은 시원한 바람이
품에 안기기 시작했습니다
더위와 땡볕으로 찌들어가며
가득 메웠던 지치는 여름은
품에서 떠나갈 채비를 합니다

꼭 짜 맞추어낸 듯
계절을 바꾸어 태어나는
풀벌레들은
참 신기하기만 하지 뭡니까
엇 그제만도
밤 낮으로 시끄럽도록 매미가
쩌렁쩌렁 울어대더군요
그런데 말입니다
기가막히게도 새벽쯤엔
시원함을 몰고오는 바람과 함께
가을에 태어난
쓰르라미, 귀뚤이가 울더랍니다

떠나는 여름과
다가오는 가을이 교차하듯
풀벌레마저도 교차하며
사라지고 태어나더랍니다

가을이란 아름다운 그 계절이
높아만 가는 하늘 끝자락을 붙들고
작은 풀벌레 소리들과 어울려
아기자기 다가오려나 봅니다

내 인생 멋진 그림 하나쯤은 그려봐야 하지 않겠니?

살아가다 보면
내 마음대로 움직일 수 없는 게
너무나 많다는 걸 느낀다
적당히 리모컨버튼 하나로 뚝닥!
이렇게 저렇게 해버릴 수 있는
삶이라면 좋을지도 모르지
생각해본들 되지도 않는 상상인거
나태해진 마음이 게으름을 부리는
그런 상상인거 알지?
뭐든 상상하고 그려낼 수 있는
사람으로 태어났으니 그리 한번
생각도 해보는 것 뿐인거지
살아간다는 건
시간을 흘려 보낸다는 건
세상에서 가장 어려운 일인지도 몰라
산을 넘어야 한다더라

굽이진 산을
넘고 또 넘어야 한다더라
오르는 힘겨움과
내려오는 수월함의 느낌을
수 만번 겪어야 한다더라
그게 삶이라고
내 선생님 같은 엄마가 그러신다
오르락 내리락 인생길
흐르는대로 살아가 볼까 생각도 해본다만
될대로 되라의 인생은
그런 바보같은 인생은 절대로 없다더라
되고싶은대로 되게끔
스스로 만들어 가야 하는거라더라
해도 해도 해도 안된다고
내 인생 미리 버리는 바보같은
사람은 절대 되지말자

해보다보면 해보다보면 해보다보면
되는게 살아감이라고
내 선생님같은 엄마가 그러신다
한번쯤 멋지게 나를 만들어 봐야
후회도 없지 않을까나?

뭐든 상상하고 그려낼 수 있는
사람으로 태어났으니

내 인생 멋진 그림 하나쯤은
그려봐야 하지 않겠니?

뭡니까? 당신은

뭡니까?
당신 얼굴이
자꾸만 떠오르고 떠올라
눈을 감았다 떴다
잠도 못자겠습니다

뭡니까?
당신 목소리가
자꾸만 귓가에 머무르고 머물러
정말 잠도 못자겠습니다

당신…… 정말……

뭡니까?
당신 숨결이
쉼 없이 콩닥콩닥 두근두근
가슴속 설레는 두드림으로 벅차올라
도대체 잠도 못자겠습니다

새벽이 밝아버렸습니다

뭡니까? 당신은… 정말……

귀 기울여 보니

귀 기울여 보니
무르익은 여름 울어대는
시끄러운 매미소리가 요란스럽다

귀 기울여 보니
한 낮 태양의 뜨거운 움직임에
타닥타닥 타오르는 장작소리가 들려오고

귀 기울여 보니
한 여름 밤 풀벌레 소리가
지나가는 여름… 시간의 소리로 들려온다

돌아오지 않을
단 한 번의 여름 소리로
머릿속에 아릿다움의 수를 놓고 있었다

귀 기울여 보니
가을이 숨 죽여 소문도 없이 다가오는 소리였다

그대를 위한 기도가 나를 행복하게 하는 기도이니까요

하루를 처음 나서는 그때
현관문에서 신발 끈을 처음 묶을 때요
그때 한번 외쳐보세요
나의 하루가 바쁜 발걸음 속에서도
즐거움의 노래가 멈추지 않기를요

하루를 열어가는 문을 처음 열 때
두 어깨를 바짝 펴고
가슴으로는 큰 숨을 들이쉬며
그때 한 번 더 외쳐보세요
두주먹엔 가득 힘을 준채로
나의 하루가 몰아쉬는 한숨이 아닌
시원한 숨으로 가슴을 열어주는
상쾌한 숨이 될거라구요

세상에 가장 간절한 순간은
나를 위한 기도를 할 때 일거예요
신에게 간절함으로 기도를 하죠

내가 하는 일과 사랑이 멈춤없이 모두다
잘 되게만 해달라구요

그 간절함으로 사랑을 기도해봅니다
내가 하는 모든 일들이 사랑이 필요한
이들에게 두루두루 돌아갈 수 있기를
기도해봅니다

나 오늘 기도합니다
내가 신는 신발로 바쁜 발걸음을 만들어
내가 사랑하는 이들에게 소중함을 주는
발 자욱이 될 수 있기를 기도합니다

내가 쥐어내는 두 주먹이
해낼 수 없을 것 같은 일에도 용기를 내어
내가 사랑하는 이들이 마음 가득한 행복을
누리릴 수 있게 되기만을 기도합니다

나… 오늘 기도 합니다
내가 사랑하는 나의 사람들을 위한 기도를
간절한 마음으로 기도합니다

그대를 위한 기도가
나를 행복하게 하는 기도이니까요

내 슬픈 어머니

내 어머니
밥 먹어라 씻어라 잔소리에
뭉기적 뭉기적
게으름만 피워대던 나였다
내 어머니
영어 수학 공부해라 잔소리에
만지작 만지작
연필자락만 돌리던 나였다
내 어머니
나 하나 잘 되라하는 잔소리에
부비작 부비작
듣기 싫은 귓구멍를 막았었다

나이가 들어
나는 어른이 되었다
내 어머니
잔소리 하던 그 나이가 되어
나는 어른이 되었다

고왔던 내 어머니 얼굴엔
주글 거리는 세월을 가두어 놓은
주름이 가득해졌다
내 어머니
맑은 음색 자랑하던 목소리엔
구슬픈 소쩍새의
힘없는 노래 소리만 들려온다

오늘따라
여기저기 아프시다는 내 어머니
이제 서야
잘 해드리려 하는데
이제 서야
당신 뜻에 뭐든 따르려 하는데
이제 서야
당신 큰 사랑을 알아 가는데

이제 서야
당신 나 때문에 하셨던
그 아픈 가슴앓이를 알아 가는데
사랑합니다 내 슬픈 어머니

남자의 눈물

슬픔이 가득한 남자 그대는
슬픈 눈물을 가슴속에
꼭꼭 숨겨 감추고만 있다
강한 남자라도 때론
눈물샘을 터뜨려 흘려야만 한다
가슴으로 흐르는 눈물
가끔은 가슴에서 북받쳐
두 눈으로 그 놈의 눈물이 흘러
넘쳐야 할 때도 있다는 건 아는지
그대를 바라보는
수많은 사람 때문에
강한 척 눈물을 삭히고는 있지만
남자의 눈물은 자존심이 아니다
남자란
지켜야 할 사람들을 책임져야 하는
강해야만 하는 존재라지?
울지 않겠노라 말하지만
남자의 눈물은

귀하게 흘려야 할
강인한 가슴일 뿐이다
눈에서 넘쳐흐르는
아름다운 가슴의 눈물
그 모습은 빈약한 자존심이 아닌
아름다운 사랑의 모습으로 다가온다
귀하게 흘리는 눈물은
약한 남자의 모습이 절대로
절대로 아니다

가슴이 슬픔 때문에
한꺼번에 무너지는 일이 없도록
두 눈이 따끔거리고 아프지 않도록
살짝 살짝 닦아 눈물을 훔치자
흘려버릴 만큼 다 흘려버리자
그리고
다시… 힘내어 웃자!
빈 가슴으로 호탕하게 웃자!

추억을 그리다

부드러운
스케치 연필 하날 들고
그림이나 그려볼까
산으로 들로 발걸음을 옮겼다
산이나 그려볼까
들이나 그려볼까
불어오는 산들바람이나
가득 담아 그려 볼까나
한참을 망설이다 그린 그림은
검지 손 가락으로
두 눈을 꾹 눌러 가린다고 가려도
가슴 한 가득 메워버리는
맑게 웃는 그대 모습
그대와의 곱디고운 추억만을
스윽싹 그려버리게 만든다

산들바람
보드랍게 불어오는 산에서 들에서
그대와의 추억만을 떠올려 그려버린다

꽃이 시들다 그러나

사랑 때문에
꽃을 피운다

오래된 가뭄
흙탕물 마저
귀한 가뭄에
뿌리를 깊게
깊게 뻗어내
땅속 깊은곳
귀한 지하수
물을 삼켰다

꽃의 얼굴은
미소 짓는다
옅은 미소만

너무 힘들게
피워낸 꽃이

머물지 못한
짧은 기다림
계절의 사랑
그 바람같은
짧은 사랑에
꽃잎 떨군다

지나간 계절
하늘 바라기
슬픔이 되어
잠시 피었다
사라져 갔다

꽃잎 떨어져
땅으로 툭툭
떨어져 갔다
눈물로 툭툭
떨어져 갔다

꽃의 눈물은
비가 되었다
오랜 가뭄의
비가 되었다

그러나

떨어진 꽃잎
남겨진 계절

다시 불어올
바람 향기에
지쳐만 가도
씨앗이 되어
다시 피워낼
약속을 한다

그
계절의 바람

뱅그르 도는
바람에 실려
날아간 홀씨
바람과 함께
사랑의 계절
에……
다시 돌아올
언약을 한다

다시 피어날
사랑의 꽃을
피우기 위해
홀씨가 되어
바람과 함께
동행을 한다

여름이 빛난다

태양의 열기를 견디기 어려웠다

기다란 호수를 타고 흐르던 물줄기를
엄지손가락과 검지손가락에
가득 힘을 주어 꾸욱 가두었다
뿜어지는 가루 같은 물방울이 알알이 빛난다
지친 더위에 잃어버렸던 웃음이 터져 나와
방울진 물방울을 타고 빛나기 시작한다
손가락에서 버젓이 빛나는 아름다운 그 보석반지는
부끄러운 듯 영롱함의 빛을 감춘다
비개인 오후 떠오른 무지개의 색
그 화려함의 아름다움보다 더욱 빛난다

한 여름의 땡볕아래
알알이 태양의 빛을 머금은 물줄기에서
타오르는 여름이 빛난다

아픔이 희미해지는 정답

영원을
맹세하던 사랑도
언젠가는
이별이라지
그러게
맹세할 수 없는
사랑이거든
새까맣게
타버리는 그리운
아픔이어도
순수를
간직한 사랑이라면

나

이 가슴이
부풀어 터져버린데도

그 놈의 사랑
다시 한번 해볼텐데

나

너무 아름답게
사랑하고 사랑했나보다
이별이
아프고 너무 아파
숨을 못 쉬겠다
찌르는 이 아픔
얼마나 걸릴지 몰라
나는 지금
강하게 맥질하는
심장의 아픔을 치료 중이다
어찌 할 바
모르겠다 모르겠다

시간아
서둘러 흘러가거라
네 얼굴이
희미해질 무렵엔
터질 듯 부풀어 올라
얄팍해진 내 가슴속에
숨어있던 심장도
더 이상
너로 인해
강하게 뛰지는 않을
것이다

시간아
서둘러 서둘러 서둘러나
빠르게만 바쁘게만 흘러가거라!

아픔이 희미해지는
정답으로

힘 내시게나

태풍처럼
힘센 계절비가
너무 세차 힘겹던가
네 잎을 갉아
상처를 만들던
벌레가 야속하던가
익어가는 열매에
흠집을 내던
그놈의 애벌레가
밉기만 하던가

세찬 듯한
비바람에 이리저리
흔들거리던 줄기였데도
땅속 깊은 뿌리였기에
그저 바삐 흔들거리기만
했을 뿐이였다네
비바람이

뿌려놓은 물은
뿌리로 흡수하고
상처난 잎은
농익는 열매의
양분으로 떨어질걸세
밉살스런 애벌레의
양분이 되던 열매는
달콤함이 짙은
귀한 단열매라네

단열매가 무르익는
높고 깊은 하늘
그 계절 가을이 오면
그리도
밉살스럽던 비바람도
꿈틀대던 애벌레도
다시 그리워 질지도
모르지 않겠나?

그러니
조금만 참게나
조금만 더 참게나
그대의 열매는
단내 풍기는
달고 맛난 열매일걸세

그러니 힘 내시게나

몰랑이와 말랑이의 오해금지

세상사람 다 그런데도
넌 그러면 안 되잖아

나? 말랑이
너에게 만큼은 말랑말랑
말랑이

길 가다가 다른 사람 잠시 쳐다본데도
잠깐 취한 향기일 뿐
너 보다 매력적인 여잔 없다는 걸 알아
그러니까 넌 그러면 안 되잖아

그러는 넌
길 가다가 다른 사람 멋지다고
가끔씩 눈 돌리는 이유는 뭔데 말해봐
나 보다 멋진 남자 많다는 걸 알아
그러니까 좀 불안해
너 때문에 불안한 맘 이해할 수 있는 거니?

바보야 오해라니까

세상사람 다 그런데도
넌 그러면 안 되잖아

나? 몰랑이
너에게 만큼은 몰랑몰랑 몰랑이

잠깐이지만 다른 여자 바라보는
그 눈빛에 난 맘이 너무 아파
나 보다 예쁘고 잘난 여자 많다는 걸 알아
잠깐이지만 난 불안한 걸
그러니까 넌 그러면 안 되잖아

바보야 넌
길 가다가 다른 사람 멋지다고
한번쯤 바라보는 내 맘 왜 그런지 정말 몰라?
너 보다 매력적인 남자는 없어

그러니까 넌 바보지
한번쯤 질투하라 그런 건데 그 맘 이해 못하니?
바보야 오해라니까

세상사람 다 그런데도
넌 그러면 안 되잖아

말하지 않는다면 그걸 어찌 알아
니 맘속 감추어 놓은 그 진실
니 맘속 꼭꼭 숨겨놓은 사랑의 말
이제부터 난 말 할께
난 너만 사랑한다고

그러니까 절대 오해금지!

아침일기

머뭇거리는 적막의 소리로
몰려오는 피로감
바람의 움직임이
고막을 자극하는 진동으로
몰려오고야 만다
인기척도
산새들의 울음소리도
하물며
바람이 스치는 소리까지도
들리지 않는
비 내리는 새벽녘
평온함의 공간에서 날아오르는
하얀 펄럭임이 아름답기만 하다

비를 피해 날아들었었는지
형광등에 어제부터 붙어있었나 보다
아침이 어슴푸레
밝아오는 소리와 함께

형광등이 빛을 내도록
스위치를 켰다
놀란 나비가
이리저리 팔락팔락 작은
움직임을 보인다
부스스 뜬 눈으로 바라본
작은 날개짓이
황홀경에 빠져들만큼 아름답다
본능적으로 알게 되는 것인가?
활짝 열어놓은 창문이
넓은 세상으로 나가거라
바람으로 일러 주건만
작고 하얀 나비는
밖을 향하지 않았다
빗물에 날개가 젖어 버릴까
겁이 났던 모양이다

감성은

빈 찻잔에 머문 향기의

기억만으로도

한잔의 눈물 섞인 향기를

가득 고이게 만든다

작고 아름다운

흰 나비 한마리가 친구가 되어

아름답게 가슴을 열어주는

평온함의 아침이다

2013. 07. 14. 아침일기

꿈도둑

나
잠들지 못하는
이슬먹은 새벽빛을 만나는 시간

그대
지친 하루를 누이고
고운 꿈밭에 머무르고 있다면

달콤한 꿈의 바람
산들바람 시원한 숨결로
한 가슴 트이는 바람만 들이 쉬길

천사의 흰 날개를 펼쳐
향긋한 바람의 숨결을 따라
그대 가고픈 아름다운 섬의 품으로

가득한 웃음, 행복한 얼굴로
맑은 햇살 푸르름이 가득한 섬으로

보드란 바람의 길을 따라 도착하길 기도한다

나
그대 꿈속에 불어오는 고운숨길 따라
함께 날아 오르는 아름다운 꿈을 꾸려
두 눈을 감아본다

그대
아름다운 천사의 날개짓에
포근히 함께하는 바람의 친구이고 싶다

나
이슬 가득 품은 새벽의 빛을 만나
그대
꿈속을 훔쳐보는
바람 같은 꿈 도둑이 되려 잠이 든다

마지막 약속

너무 많아
가슴에 품었던
내 이야기가 너무 많아

함께 하지 못했던
이야기가 너무 많아
사랑하며 아팠던
내 이야기가 너무 많아

널 잊기위해
몸부림치던 슬픔의 이야기가
너무나 너무나 많아

다른 곳을
바라보던 너 때문에
아파 죽을것만 같던 내
심장의 이야기가 너무너무 많아

널 대신할 무언가를
찾아보기도 했지만

이미 가슴에 인이 박혀버린
너의 흔적이 너무도 아프고 또
아파오기만 했다

더 웃었다.
너도 나처럼 아파하라고
너보다 열배는 행복한 듯
더 웃어보기도 했다

다시
용기를 내는 나에게
다시 널 사랑하겠다고
마음의 약속을 해버린 나에게

그 약속 지킬 수 있게
그 약속 혼자만의 약속이 되지
않도록
내 곁에만 있어 줄래?

눈물빙수

익어가는 여름
조금은 지쳐가기 쉬운 날!
머리꼭지에서
뜨거운 태양이 심술궂은 장난을 치고있다
너 때문에 난 깜장콩 될 뿐이고
더워도 너무 더운 거 있지
어쭈구리!
제과점 대문짝만한 팥빙수 사진이
어서오라 유혹하네?
그래서
맛나보이는 보기에도 먹음직스런
블루베리 팥빙수 하나를 주문했지
조금은 기다려야겠지?
예쁜 데코레이션 팥빙수를 먹으려면
짧은 듯 하지만
성급한 기다림의 몇 분 때문에
바라본 손안에 스마트폰
이게 왠일이야

절절한 심장의 통증을 전하는
달콤한 팥빙수와는 어울리지도 않는
슬픈 노래가 흘러나오지 뭐니

갑자기!

지나간 추억의 날들이
잊혀지고 있는 오래된 기억속으로
날 밀어 넣어버리고 있잖아
참나!
왜이리 뜨겁게 달아오르는
가슴으로 들려오는 노래 소리인지
가끔 뜨겁게 저며오는 아릿한 통증
왜 눈물이 나는거지?

예쁘게 데코레이션 된 팥빙수는
눈물 콧물 섞인 눈물빙수가 되버렸다
쓸쓸한 나무아래 벤치의 멋진 청승도 아니고
한여름 땀방울 눈물방울 그리고 팥빙수
이게 왠 청승이라니?
그 가수 너무 노래 잘한다

흔적

담배 한 모금
깊게 들이고 내쉬는 허탈감
엷은 구름 같은 연기가 흐린 하늘까지
끝없이 흩어져 간다

준비 없는 이별에
지워야 하는 그녀와 나의 추억은
빼곡히 아프기만 하다

총총걸음으로
반갑게 달려오던 만남의 발걸음은
이제는 잊어야 한다

커다란 웃음으로
흘려보내던 수 많은 시간과의 대화도
아쉽지만 잊어야 한다

함께한 이야기를
끄적거리던 일기 속 아름다운 이야기들
이제는 모두 지워야 한다

배고픔에 먹던
편의점 맛없는 삼각김밥의 찡그린 맛도
이제는 잊어 버려야 한다

소중한 기념의
의미를 담아내던 소박한 선물들도
잊으려면 버려야겠지

두 눈에 맺힌 그녀의 모습도
내 마음에 담은 그녀의 향기도
모두 잊어야 하는데

도대체

선명한 넌 대체 뭐니?

모조리 타들어간 담배꽁초

흩어져 간 옅은 구름은 온데간데없다

그런데도 너를

지우지 못하는 흔적

2013. 05. 16 무제

아무 것도
갖지 않은 무소유의 삶을
그대는 진정으로 살아 갈 수 있겠소?

가능 할리가 없지 않소
영원히 눈 감는 순간 쯤에나
빈 몸으로 어디든 되돌아 가니 말이요

그러 하나,
버리는 마음은
백번 천번 가능 하지 않겠소?

가진 것을
나누어 주는 소담스런 마음
조금씩 비우는 나눔의 마음 말이요

가진 것이
많아야 하는 최고의 자리에서
나눌 수 있는 것이 아니냐고 그리는 묻지 마소

물질과 권력의
최고의 자리에 있어야
몇 푼 나눌 수 있다 생각하시는 게요

작게 나누는
아름다운 미덕도 있다잖소
이미 그대 역시 빈 마음으로 나누고 있지않소

의미와 목적에
하나의 제목을 붙이지 않은
최고는 없다는 생각이 드는 나요

소중한 마음
나누는 즐거운 마음으로
지금처럼 만 아름답게 살아가시오

어차피
빈 마음으로 돌아 갈 거라 노래하는
곱상한 마음이 최고인 그대 아닌가 말이요

알콜 부적합증

단내를
풍기는 한잔 소주에
속이
타들어가고 메스껍고
불면에 시달린다

아직도
전혀 강해지지 못한
나를
발견하게 되고

눈물이
나약한 자의 표상 일지언정
오늘 난 그것을
또
보이고야 말았다

그놈의

눈물샘은

왜

마르지도 않는 건지

모… 르… 겠… 다

향수 VS 향기

부끄러운 이른 여름이
찌푸린 땀방울로 다가서는 모년 5월 26일

퀴퀴하고 눅눅할 거라는 여름의 향기에
한 방울의 향수로 향긋한 마무리를 한다

이른 아침 나를 마무리하는 건 안나수이
그리고
오월의 여왕을 마무리하는 라일락 짙은 향기

여인의 향기를 더하는 향수 한 방울
이른 여름을 열어가는 향기 한 방

깨끗하게 졌다!

온데도 간데도 어딘지 모른다
부드러운 바람에 섞인 향기에 묻혀
이른 여름의 향기로 사라져간 나의 안나수이

정말 깨끗하게 져버렸다!
부끄러운 여름의 향기에 취한다

풀잎 같은 그대야

여린 풀잎을
살랑 흔들어 놓은 보드란 바람을 사랑한 그대는
머물 수 없는 바람의 마음을 붙잡고 싶었으려나

멈춤 없는 바람을
여린 그대가 잡을 도리가 있을 리가 있었겠나
땅속 깊은 뿌리가 놓아 주질 않으니
여린 그대가 잡을 도리가 있을 리가 있었겠나

풀잎같은 그대는
바람결에 실려 날아가고 싶어도
날 수 없는 여린 풀잎이었을 뿐이었다네

이슬이
살그머니 내려앉은 어두운 새벽녘에는
숨죽여 맺혀내는 이슬 같은 눈물만큼 슬펐을 테지

울적한 봄비가
주루륵 풀잎 따라 흐르는 날엔
보고픔의 마음만큼 목 놓아 울었을 테지

오늘은 울어도, 울어도
눈물을 감추기에 좋은 빗물이 내리고 있다
목이 메어 쉬더라도
소리내기에 좋은 빗물이 내리고 있다

보드란 바람은
지나는 여린 풀잎마다 살랑
흔들어 놓기만 하는 머물지 못하는 바람이었다네

보드란 그 바람이
미련인줄 아는 그리움 때문에
슬피 울고 있는 여린 풀잎 같은 그대야

세상을 겁주는
무섭고 거센 바람에도
뿌리 깊은 그대는 버티어 내고 햇볕을 마주한다

들에 피어난 여린 풀잎아
보드란 바람이 남겨놓은 흐릿한 사랑에 슬퍼 마라
지나가는 깊이 없는 바람이었을 뿐이었다네

다 지나간 연후에
햇살이 주는 따사로움을 사랑하시게

여린 풀잎 같은 그대야

바람이 전하는 말

그대는

아름다운 꽃의 씨앗으로 태어났다
지나간 세월이 앗아간
몹쓸 기억을 간직한 그대가
얕은 흙무덤을 너무나 두려워하였구나

그대가

꽃을 피워내기를 결 바람으로 속삭이고
햇살의 따사로움으로 품고
흙을 적시는 빗방울로
목마름의 해갈이 되어 주려했다

그리고 기다려왔다

사라진 내가 아님을
아름다운 초록의 길에서

스치는 모든 생명들을 지나치는
바람이 품은 향기에서
사라진 내가 아님을
아문 상처로 받아들이기를 기다려왔다

그대야

턱 괴고 오랜 동안
네 주변을 빙글빙글 한자리로 도는
바람으로 머물며
걱정스러움으로 한참을 바라보았다

더한 고통은 다 끝났다

그대 곁에
한자리로만 뱅그르 돌아 부는
바람으로 머물며 전하는 속삭임으로
이제 서야 말.한.다!

흙을 뚫고 나오는 아픔은 사라지고
세상에서 가장 어여쁜 꽃을
그대가 피울 거라 말한다

너는 분명 반짝거린다

너는 분명 반짝거린다
지금 네 주위를 둘러싼 어둠과 함께 있다하여
너의 반짝임마저 어둠은 아니다
너는 분명 반짝거린다
수많은 별들과 함께 있다하여도
너의 반짝임은 절대 사그라지지 않는다
어둠은 태양을 부른다
새벽녘 밤하늘을 가린다 하여
밤이 새도록 네가 수놓았던 밝음이 사라지는가
한 낮의 눈부신 태양은
눈을 바로 뜨고 바라볼 수 없는 피로의 빛이다
찡그리고 바라볼 밖에 없는 빛으로, 그리 머문다
산 너머로 사그라드는 태양의 늙어가는 기운에
다시금 찾아드는 어둠을 금빛 호롱으로 밝힌다
너는 이미 아름답게 떠오르는 별이 되어 있었다

태양의 강렬한 밝음이 사라지는 시각에
너는 밤하늘에 뿌려놓은 가루진 금빛으로
눈을 바로 뜨고 바라 볼 수 있는 빛으로 머문다

너는 분명 반짝거린다

2013. 06. 06. 날개

고통을 겪은 여린 새가 날개 짓을 시작한다
아물고, 아물고, 또다시 아물어가는 상처를
견디어 낸 여린 새가 날개 짓을 시작 하려한다

파… 드… 득… 파드득. 파득!
여리던 새의 움직거림이
웬일인지 지나간 날개 짓 보다 더욱 힘차다

한 겨울

따신 서식지를 찾아 가려던 여린놈이
거센 바람에도 이겨나갈 거친 날개를
스스로 만들어 놓았기 때문인가 보다

이제는

말없는 그대가 홀로 느낄 수 있었을 것이다
불어오던 센 바람은 그대를 간지럼 태우는

애교 섞인 바람이었을 뿐임을

더 이상

더 이상은 그대의 날개가 약하지 않음을
더 이상은 그대의 상처가 덧나지 않음을
말없는 그대가 홀로 느낄 수 있을 것이다

날아라!

힘찬 날개 짓으로 세상을 향해라
거칠만큼 거칠어진 그대의 강인한 날개로
무엇도 두렵지 않은 도약의 날개 짓으로

이제는 아름답게 날아라!

2013. 06. 04. 고백

꽃잎이
흩뿌려진 그 길 위에
꽃 자수를 수놓은 듯 곱게, 곱게

'사랑해요'

빗방울
떨어지는 울적한 날에는
빗물로 흘러내리는 그리움으로

'사랑해요'

낙엽을
바스락 밟아내는 소리에도
그대 없인 쓸쓸해서 안 되니까

'사랑해요'

흰 눈이
고요함으로 날리던
아슬 한 가로등 빛 아래서
살며시 두 눈 감는 짜릿함으로

'사랑해요'

한차례
그려놓은 계절 그림을
백만 년을 그려 넣어도 변함없이

'사랑해요'

알레르기

단 한번 아린 가슴을

찌르는 듯한
아픈 사랑으로 느꼈었거든
순수로 물들던 비밀 같던 나이에

그런데 말이야
그 아려오던 마음이
바보 같았다는 생각이야

나
혼자만 이었던 거 같아
그래서 그만하자 말해 버렸지

난
변치 않을 사랑이
있다고 분명하게 믿었었거든

넌
언제고 떠나면 그만인
짧은 장난 같은 만남이었겠지만

그래두

단 하나,
고마웠던 건
그 시간 속에선 사랑이 뭔지
어렴풋이 알 수 있을것도 같았거든

그렇지만

이제는
사랑 같은 건 하고 싶지 않아
지나고 나면 유치 짱짱 바보스럽고
치료제도 없는 상처만 남는다는 걸 알거든

사랑반응 검사를 했단다

마음 치료사가 그러더라
나더러 사랑 알레르기래

사랑이란 걸 하게 되면

간질, 간질 재채기도 나고,
이유 없이 온 몸에 두드러기도 나고,
가려워 벅벅 긁다보면 벌겋게 상처만 남을 거라고

난,

사랑반응 검사결과
사랑 알레르기가 있다더라

그것도 아주 심각한 알레르기

푸념

야!

너!

그렇게 잘난 줄 몰랐다

너보다
예쁜 여자?
찾아보니 엄청나게 많더라
넌 다 화장빨이지만

너보다
잘 나가는 여자 ?
찾아보니 정말 겁나게 많더라
넌 다 돈 많은 부모 잘 만난 거잖아

너보다
쭉쭉빵빵 몸매?

길 가다가도 허벌나게 많이 보이더라
넌 좀 다리는 굵은 거 알지?

너보다
머리 좋은 여자?
도서관에 무지하게 많이 앉아 있더라니까!
넌 순 교과서만 읽어대잖아

그런데
그런데 말이지

너 만큼
내 맘을
가져간 여자는
그… 러… 니… 까. 그게

너보다
내 마음을 가져간 여자는
딱 까놓고 솔직하게 너 밖에 없… 더… 라!

아 씪!
왜 이제 서야 알게 된거지?
미안하다 말하면 이제 그만 화 풀어줄래 응?

푸념 two

야!

너! 바보니?

나 잘난거 정말 몰랐어?

나보다
예쁜 여자?
찾아봐! 주변에 엄청나게 많을거야
난 화장빨 맞지만, 화장해도 안 예쁜애도 있다!

나보다
잘 나가는 여자 ?
찾아보니 정말 겁나게 많았겠지
돈 많은 부모 잘 만난 게 죄니? 없는 것 보단 낫지

나보다
쭉빵 몸매?
길 가다가도 허벌나게 많이 보인다고?
내 다리 굵은데 뭐! 어쩌라고! 보태준거 있니?

나보다
머리 좋은 여자?
도서관에 무지하게 많이 앉아 있을 거야
난, 교과서만 읽지만 책 가리고 만화책만 읽는
여자도 많다

잘 해봐라! 칫!

그런데
그런데 말이지

너 만큼
내 맘을
뛰게 하는 남자는
그… 러… 니… 까… 그게……

너보다
내 마음을 가져간 남자는
딱 까놓고 솔직하게 너 밖에 없… 더… 라!

아쿵!
왜 이제 서야 알게 된거지?
니가 먼저 미안하다 말하면 금새 달려 갈 텐데
너… 바보 아냐?

오르막 길

울퉁 거리는
구백 구십 구 계단을 오르는 사람아!
불규칙한 한 계단을 올라설 때마다
그대가 구슬로 떨구어 내는 땀방울 하나하나가
보석 같은 구슬로 바뀌었을 것이지
몇 백을 넘도록 욱신거리는 통증의 다리로 오르니
그대가 구백 구십 구개의 구슬을 꿰어 냈구나
영롱한 구슬로 반짝이는 태양의 조각이
그대의 몸을 가득 감싸 안았으니
흐린 구름이 비집을 틈도 허락하지 않았다
통증과 고통으로 올라선 마지막!
구백 번 구십 번 나머지 아홉 번의 번뇌를
시원한 바람과 평평한 흙 내음이 맞으니
어렵사리 살아낸 그대의 고통은
재빠르게 달아나 버린다!

마지막
천 번을 채우는 계단은 평온의 숨결!

모든 게 그리움 때문 이래요

이른 어둠이 바람 자락을
붙잡고 내려오는 길목에서
문득 보고픔이 스친다면
그리움이라고 말 하더라구요

하늘 끝에 걸린 구름 빛이
타들어 가는 노을빛과 함께
가슴 한 자리로 묵직하게
내려와 앉는다면
그리움이 찾아온 거라고
누군가 말 하더라구요

억지로라도 먹어야하는
한술 밥이 모래알처럼
입안에서 까끌까끌 부서진다면
그리움으로 곱씹는 거라고
말 하더라구요

이유없는 한숨이 깊은 내안에서
나도 모르게 품어져 나오는 걸
어찌 할 수 없다면
그리움을 가슴에 품는 거라고
누군가 말 하더라구요

빗방울이 하나씩 떨어지기
시작 하면서 부터
울컥 눈물이 눈가에
스며들기 시작 한다면
그리움 때문에 가슴이
몹시 아픈거라고 말 하더라구요

모든 게 그리움 때문 이래요
모든 게 그리움 때문 이라고
그 누군가 내게 말 하더라구요

지키지 못한 약속

혼자한 마음의 약속 이었다

오래전 아주 오래전에 한 사람과 한
혼자만의 약속이 있었다
한 사람을 행복하게 해주고픈
이미 멀지 감치,
내게 주었던 마음을 다시 걷어간
그 사람에게 주려고 했던 선물이었지만,
주기도 전에 이별을 겪어야 했으니 약속이 아닌
잊어야 할 아픈 사연이 돼 버리고 말았다

진심을 담아 순수한 마음을
모두 주었던 기억밖에 없는데,
외곡 된 진심은 오해를 낳고 실망감을 안겨주고,
서로에게 상처로 자리 잡아 그렇게 깊은
수렁 속으로 빠져들어 다시는 연결 할 수 없는
끊어진 한 조각 짧은 끈으로 남아 버렸다

그리움 속에서 하루하루를 버텨내는 것도
잠시라고 생각했지만,
모든 것들이 하나하나 묻혀 지기를
기다리는 시간은 고통스레 다가왔다
간간히 떠오르는 행복했던 기억들은 아려오는
흔적을 간직한 가슴만 가끔씩 만들어 낼 뿐
시간과 함께 기억이 흘러가버리기를 바라는 건
이기적인 나의 욕심이었나 보다

수년전

칠월이란 달력에 표식을 남기고 해맑게 웃음 지으며
기뻐했던 마음의 약속이었는데
무수한 시간 속에 곱사리 마음에 품고 준비하던
약속이었는데
혹시나 지키지 못할 약속이 되 버릴까봐
칠월이 되기 전에는
가슴에서 꺼내어 보여 주지도 못한 약속이었는데

꺼내 보기도 전에 난 내 스스로 그에게 한 약속을
깨버릴 수밖에 없었다

약속이란 지키려고 있는 것인지
아니면 깨뜨리기 위해서 있는 것인지
수천 만 번 마음으로 묻기를 반복한다
무정세월 시간이 쉼 없이 흐르고 있는
지금 이 시간에도, 혼자서라도 지켜야 하는 건지
아니면 그냥 묻어야 하는 건지 고민 속에 빠진다
지켜야 하나 말아야 하나

하얀 눈꽃과 함께 불어오는 바람을 느끼는 계절
또다시 꺼내보게 되는 내 마음의 미련한 약속
아무도 알지 못하는 내 마음속에 숨어있는 약속

바람 속 흩날리는 눈꽃에게 물어본다
지켜야 하나… 지키지 말아야 하나
지키지 못했던 그 약속을 말이다

위로

넌 분명 강한 사람이라 말하고 싶다
눈물의 의미를 알기에 더 강한 네가
될 수 있는 거란다
보다 약한 사람들의 눈물을
마음으로 느낄 수 있는 넌 분명 아름다운 사람이다
교만 한 사람 앞에서는 강한척이 아니라
정말 강한 모습이어야 한다는 건 알고 있는 거지?
자존심이 아니라 진실로 강한 너여야 한다
약자에게는 살피는 선한 맘으로 대하는 너라는 걸
진실로 나는 알고 있다
강하기 때문에 약자를 보호할 수 있는 거 거든
의지도 열정도 이미 넉넉히
가지고 있는 너라는 것도 끝까지
잊지 말기를 바란다
언제나 당당한 모습을 유지하지만
따듯함을 안고 있는 유연한 힘을 가져야 한다는
것쯤은 알고 있어야 한다
강인한 힘만으로는 언젠간 부러지고 말테니까

굳이 말로하지 않아도
따듯한 마음을 가지고 있는 너는
이미 모든 이에게 존경 받을 수 있는
멋진 사람이라는 걸
절대, 절대 잊지 말길 바란다
그렇게 난 널 믿으니까
그러니까… 무조건 힘내라!

흐르는 눈물 이젠 다 닦은 거지?

그까지 것 가지고 울… 지… 마… 라!
차나 한잔 마시자

그냥그냥 그럭저럭

너무 힘들게 달려왔던것 같습니다
그랬더니 목도 마르고 숨도 고르지 않고,
두 다리 근육도 뭉쳐서 욱신거리기도 하네요

하늘이 웃다가 울다가 하는 나날들이 반복되는
별로 좋지않은 봄날들!!
내 몸과 마음이 쉴 수 있는 그냥그냥 그럭저럭
맘 놓고 지낼 수 있는 나만의 휴일로
오늘을 지정해 줍니다.

이제부터 좀 쉬어 볼까합니다.
발끝은 높은 곳을 향해 거만하게 올려놓구요
두 팔에 힘을 풀어 쇼파 양옆으로 걸쳐놓아요
그리고 편안하게 두 눈을 감아봅니다

아무 생각없이 텅 비워내는 가슴
그냥그냥 그럭저럭 쉬어 볼까합니다
하품부터 나오는 군요

졸린 눈 비비며

그냥 그냥 그럭저럭 보내는 하루가 돼보렵니다

내면의 양식

나름 내 열정을 다해 산다고 살았지만
아직은 소심한 내면의 그릇을 채워 나간다는 게
힘… 겹… 다!

누군가 지친다는 것이 무엇인지도 모르고
그저 꿈과 지켜 내야 할 사랑만으로 살아 낸
한 사람의 열정을 바라본다
그리고 다짐해 본다
내면의 양식을 쌓아 보리라고

프림도 없고 설탕도 들어가지 않은
한 잔의 향기와 마주한다
더없이 진하고 담백한 향기를 풍긴다
쓰디쓴 혀끝 때문에 얼굴을 찌푸린다
뜨거운 물을 더해 쓴맛을 희석시켜도 보고

뜨겁게 부드럽게 퍼져 가는 향기와 함께
유연한 살아감을 위하여 생각에 잠기는 아침이다
내면의 부드러운 향기를 풍기고 싶은 아침이다

진심을 담는 마음 그릇

마음이란 담아도, 담아도 끝도 없는 그릇과 같다
쓸쓸함이 찬바람과 함께 다가오는 계절이 오면
가끔은 공허한 마음이 텅 빈 듯 찾아온다
이른 아침 눈을 뜨며 어제와는 부쩍 다르게
선선함으로 느껴지는 피부로 기온을 느낀다
깊어가는 가을의 기온을 느낀다
사람과 사람이 어우러져 살아가는 세상
채워야 할 마음이 낳은 허전함이 물밀듯 다가선다
욕심만 가득한 마음에 담아야 할 것들은
나눔과 사랑이란 걸 알면서도
담아내지 못하는 부끄러운 마음
온기를 나누고 정을 나누는 마음은
다시금 가득하게 차오르는 사랑의 마음으로
되돌아 올 것이 분명함을 알면서도
담아내지 못하는 부끄러운 마음
미움과 분노로 가득 채운 마음이
찡그린 얼굴을 만들고
찡그린 얼굴은 삶을 심하게 구겨진 종이처럼

다시는 곱게 펼 수 없는 상황으로 되돌릴 수
없을지도 모른다
누군가 말한다
살아온 인생살이가 고스란히
세월을 더한 주름진 얼굴에 그려진다고
세월을 좀 먹어가는 얼굴에 고운 주름을 만들기 위해
담아도, 담아도 끝이 없는 마음그릇에 가득하게
채워야 할 것들이 무엇인지
지나온 삶의 경험이 가득한 세월에게 묻는다

살아감 속
고이 나이 들어가는 아름답고 편안한 자신의 모습을
만들기 위해
사랑을 가득 담은 삶을 다짐해 본다
진실함을 가득 담은 마음의 그릇을 만들어 보리라
다짐해 본다

그리 쉽지는 않겠지만……

2013. 09. 24. 깊어가는 가을 아침에

미소 만들기

궁정의 눈으로 바라보는
세상은 좋은 일만 다가오게
한다죠?

아름다움을 바라보는 눈은
더 없이 아름답게 빛날 테죠

선한 눈으로 바라보는 곳엔
착한 일들을 불러 올 거예요

사랑의 눈으로 바라보는
것들엔 사랑스러움이 깃들
거랍니다

귀로 듣는 부정의 말들은
멀찌감치 흘려보내고

바라보는 눈과 말하는 입으로
불러오는 기쁨을 소중하게
생각하는 마음으로 살아가는
삶이라면

웃는 하루를, 행복한 하루를
만들어가겠죠
많은 시간들을 기쁘게 즐겁게
만들어가겠죠

분명
아름다운 미소를 만들어 갈 거예요

대답하지 않는 계절

가을은 농익어
황금 물결 일렁이 듯
부드러운 능선으로 굽이치는데
가을이 걷어간
내 안에 굽이치던 물결은
쓰라린 그리움으로만 채워져 간다
가을은 농익어
깊이 빠져드는 짙푸른
하늘 끝을 바라보다 미소짓는데
가을이 빼앗아간
내 안에 미소짓던 하늘은
검푸른 빛감으로만 타들어 간다

깊어가는 가을에게 묻는다
슬픈 그리움은 무엇으로 잊을고
타는 애절함은 무엇으로 채울고

아무런 대답도 하지않는
깊…어…만…가…는 가을!

나를 찾아온 가을

숲이 만든 바람이 내 몸을 누인다
바람이 만든 가을
떨어지는 잎새가 눈발 보다
아름답도록 흩 날린다
가을 바람속 흩날리는 마른 잎새는
계절의 쓸쓸함만 가득하게 채워가고
마음을 가득메운 쓸쓸함의 깊이는
그리움의 향기만 더해간다
가만히 가을바람에 실어 누인 내 몸은
끝을 알 수 없는 한없이 빠져드는 시선끝
맑고 푸른 깊은 하늘바다를 향해 있다
어느 날 나를 찾아 온 가을은
한 순간에 멈추어 버린 공간쯤에서
평온함과 쓸쓸함의 감성을 선물하는데

가을연가

마음이란 놈이 널 향해 가기만 한다
다시는 내게 돌아오지 않겠다 말하고
널 향해 가버리는 마음만 야속하다
너에게 눈마저 뗄 수도 없다

오점하나 없이 푸르기만 한 네게로
끝간데 없이 깊어가는 내 마음속은
텅 빈 공허함만 가득하게 차오른다

그리움이 행복인지 열병인지
그리움이 아픔인지 사랑인지

빈 마음에 가득하게 차오르는 건
너 때문에 가득해진 그리움 뿐이다

너에게로 향하는 마음의 발걸음은
내 눈을 가리워 한 곳으로만 향한다
이런 내 마음을 어쩌면 좋으니
이런 내 마음을 어쩌면 좋으니

너에게로 향하는 마음의 발걸음은
눈빛만큼 재빠르게 달아나 버리고
다시는 돌아오지 않을 모양이다

너만 바라보는 내 두 눈을 어쩌면 좋으니
너만 바라보는 내 두 눈을 어쩌면 좋으니

밤야경

밤 바람에 실려온 차가운 향기
그리고
농익은 밤으로부터 온
어둠과 현란한 네온의 신비한
조화로움을 눈으로 선물받는다
밤 야경에 취하고
한 줌의 산바람을 선물한
산의 잔정에 흠뻑 취하고
믹스된 커피 한 잔의 여유
그 진한 향기에 또다시 취한다